rose

chatons de saule

ballon de football

Indien

chaton

crapaud

raton laveur

tambour champignon

cheval

libellule

lapin

clairon

renard

infirmière malade

castor

sorcière

chat noir

balai

to do , did , done
to have, had, had
to eat, ate , eaten
to love, loved, loved
to play, played, played
to sleep, slept, slept

moustique

to do , did , done
to have, had, had
to eat, ate , eaten
to love, loved, loved
to play, played, played
to sleep, slept, slept

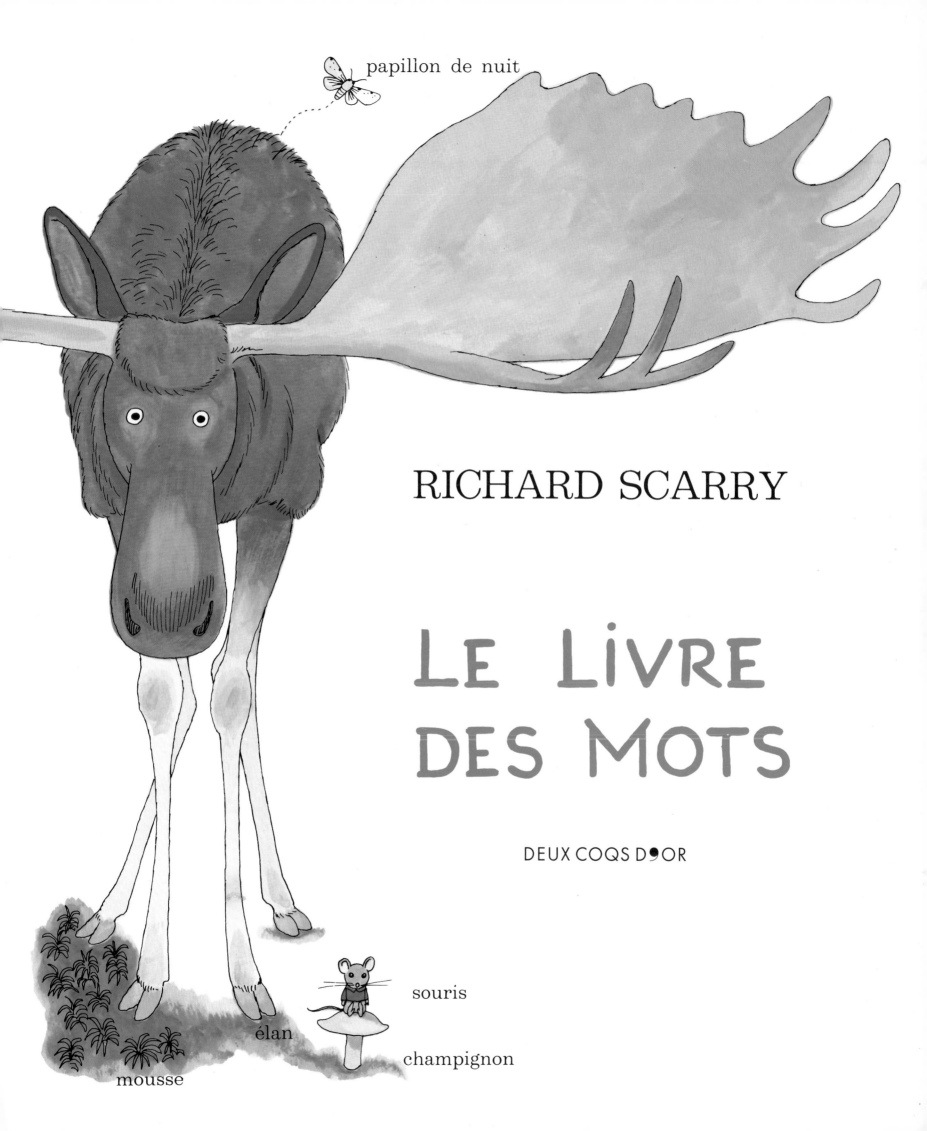

papillon de nuit

RICHARD SCARRY

Le Livre
des Mots

DEUX COQS D'OR

souris

élan

champignon

mousse

ours

SOMMAIRE

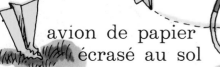

avion de papier
écrasé au sol

cerceau

chat

© 1963 Golden Press. Inc.
© 1964, Deux Coqs d'Or, Paris.
© 1993 Hachette Livre / Deux Coqs d'Or
Published by permission of Richard Scarry
and Western Publishing Compagny, Inc., Racine, Winsconsin.
ISBN: 2-7192-0108-1
Dépôt légal n° 74925 - Août 2006 - Edition 13

lapin

bûche

grenouille

cochon

trombone

raton laveur

chaussettes

sous-vêtement

corbeille à linge

rideaux *curtain*

soleil *Sun*

fenêtre *Window*

LE MATIN
The morning

Le jour vient de naître.
Le soleil brille.
Petit Ours se lève.

mirror

miroir

gant de toilette

savon *Soap*

serviette

D'abord, il se lave la figure
et les mains.

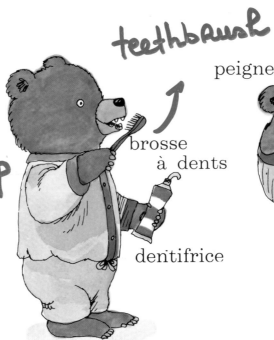

teethbrush

peigne

brosse
à dents

dentifrice

Puis il se brosse
les dents.

pyjama
= *pyjama*

Il se coiffe.

shirt

chemise

trousers

pantalon

Il s'habille.
He dresses up.

Il fait son lit.

Maintenant, il se hâte
d'aller prendre
son petit déjeuner.
the breakfast

8

Petit Ours se tient droit sur sa chaise.

He's starving

Il meurt de faim. Voici son menu:

Fruit juice
jus de fruits froid

porridge *cream*
bouillie chaude avec de la crème fraîche

pancake *butter*
crêpes au beurre

le grille-pain ne se mange pas.
toaster

eggs
œufs au plat   bacon   toasts

Hot chocolate *bacon* *= toast*

honey *jam*
miel   confiture   chocolat chaud   lait froid   une gaufre *waffle*
cold milk

Après son petit déjeuner, il aide sa maman à laver et essuyer la vaisselle.

cup *plate* *bowl* *knife* *spoon* *glass*
fork
tasse   soucoupe   assiette   bol fourchette couteau   cuiller   verre

couvercle
squezzer *glass*
bocal   cruche   poêle à frire   casserole   plat à œufs   bouteille   presse-citron   verre
pan   *bottle*

now   Maintenant, il peut aller jouer avec ses amis.   *PLAY (ed..ed)*

LA MAISON DE LA FAMILLE LAPIN

Papa Lapin, Maman Lapin et leurs
deux fils se préparent eux aussi.
Ensuite, les frères Lapin
iront jouer avec leur ami le hibou.
Avez-vous vu le hibou ?

cheminée

toit

M. Lapin

miroir

lampe

lit

chambre

buffet

salle
à manger

table

cuisine

évier

porte de service

chaise

plancher

hache

fourneau

Mme Lapin

tas de bois

pelouse

abreuvoir réservé
aux oiseaux

SUR LE TERRAIN DE JEU

Les enfants s'y amusent de mille et mille façons.
Avec qui aimeriez-vous jouer ?
Quel est votre jeu préféré ?

la balançoire

le toboggan

saute-mouton

la cabriole

cache-cache

la ronde

la corde à sauter

l'échelle

les anneaux

l'escar-polette

le mât

la toupie

les patins à roulettes

les bulles de savon

le cerf-volant

la cage-aux-singes

le manège

le jeu du chat

le jeu d'anneaux

le cerceau

le cochonnet

les billes

le tas de sable

corde

la balle

la marelle

13

LES OUTILS

marteau

clou

punaise

Chacun s'est mis au
travail avec son outil.
Cherchez l'artisan
qui garde le sien
jour et nuit.
Il a une tête rousse.

hache

échelle

bûche

menuisier

planche

papier de verre

scie égoïne

sciure de bois

scie à manche

vilebrequin

étau

rabot

pivert

copeaux

scie à
chantourner

tournevis

vis

lime

pinces

scie de long

truelle

maçon

houe

mur de briques

ciment

brique

lattes

peintre en
bâtiments

brosse

pelote de ficelle

chevalet

tonneau

peinture

règle

semence de
tapissier

marteau de
tapissier

hachette

mètre pliant

canif

boîte à outils

équerre

couteau
à enduire

pelle

boulon

écrou

boue

clef à molette

compas

brouette

pioche

colle forte

épouvantail   corbeau

girouette

silo

charrue

champ

tracteur

grange

grenier à foin

chèvre

↳ goat

boîte de conserve

stalle

bidon de lait

seau

charreton

camionnette

poule

coq

Chicken

porcherie

poussins

↳ pig

↗ corn

coffre à maïs

16

meule de foin

cow

vache

pommier

appletree

maison de ferme

pompe

prairie

clôture

mouton

cheval

corde à linge

pomme

herbe

herb

corbeille à linge

LA FERME DE M.OURS

Les animaux au féminin sont précédés de SHE

A la ferme de M. Ours, tout le monde est au travail.
Que fait Mme Ours? Que fait le cheval?
Que fait la cane?
Et l'épouvantail?
Fait-il bien son métier?

farm

FERME

poulailler

SHE duck

wells

puits

mare

cane

canetons

bee

abeille

fourche

ruches

appareils météorologiques

dirigeable

tour de contrôle

microphone

hélicoptère

L'AÉROPORT

Dans la tour de contrôle, Renard parle
devant son micro. Il envoie un message
au commandant de bord pour lui annoncer
que le temps sera très beau.

chariot à bagages

salle
d'attente

lunette
d'observation

touriste

appareil
photographique

terrasse

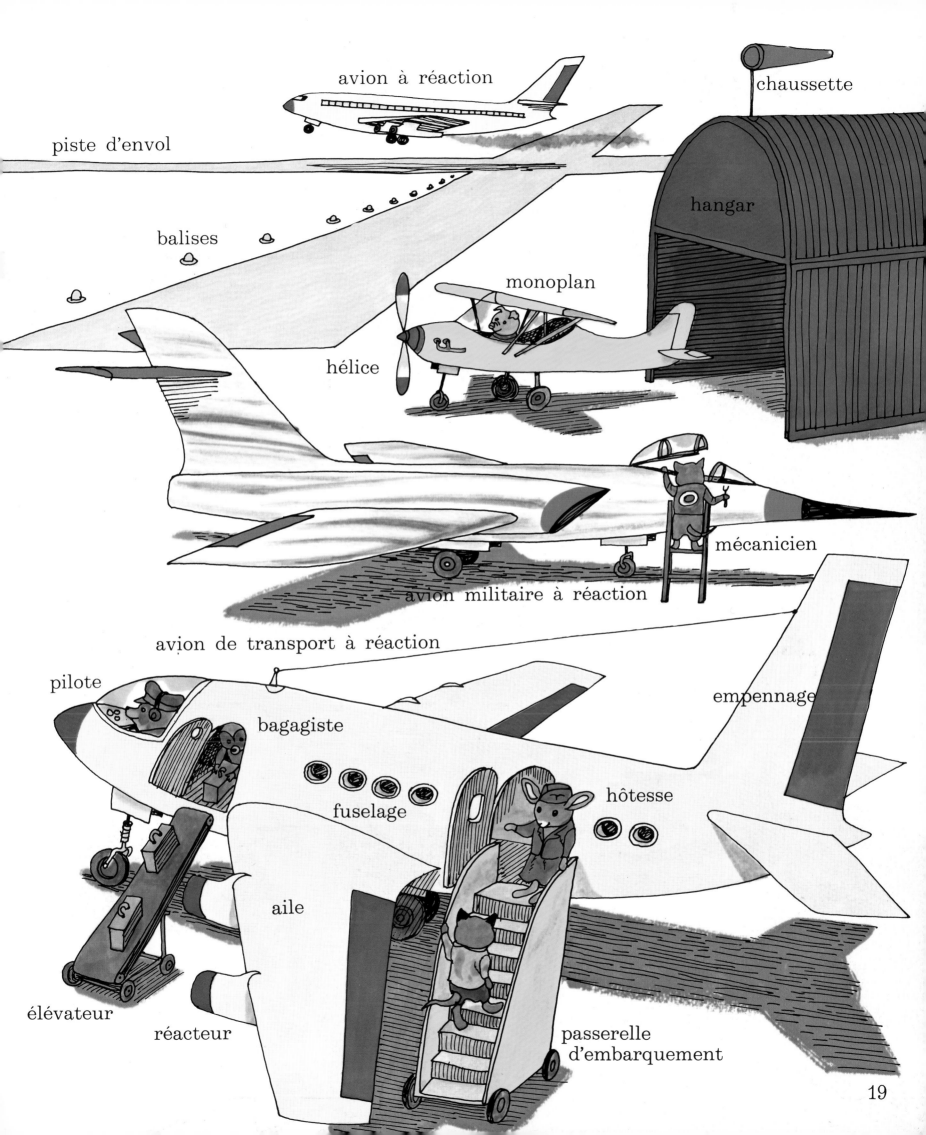

avion à réaction

chaussette

piste d'envol

hangar

balises

monoplan

hélice

mécanicien

avion militaire à réaction

avion de transport à réaction

pilote

empennage

bagagiste

fuselage

hôtesse

aile

élévateur

réacteur

passerelle
d'embarquement

19

LES JOUETS

Il est plus amusant de partager ses jeux
avec ses amis que de jouer tout seul.
Mais il faut être bon joueur, comme l'ourson.
Il est en train de perdre.
Ensuite, il prendra sa revanche.
Pensez-vous qu'il gagnera,
la prochaine fois ?

→ elephant

tricycle

Rabbit

ours en peluche
teddybear

train électrique

doll

poupée

cubes

camion et élévateur

l'ourson perd   to LOOSE (lost. lost)

une partie
de dames

jeu de construction

le lapin gagne
to win (wan. wun)

20

château fort

croquet

soldats de plomb

service à thé

robot

auto de course

machine à écrire

cheval à bascule

passe-boules

maison de poupée
dolls' house

arc et flèche

trottinette

planeur

mouse

21

LES FLEURS DU JARDIN

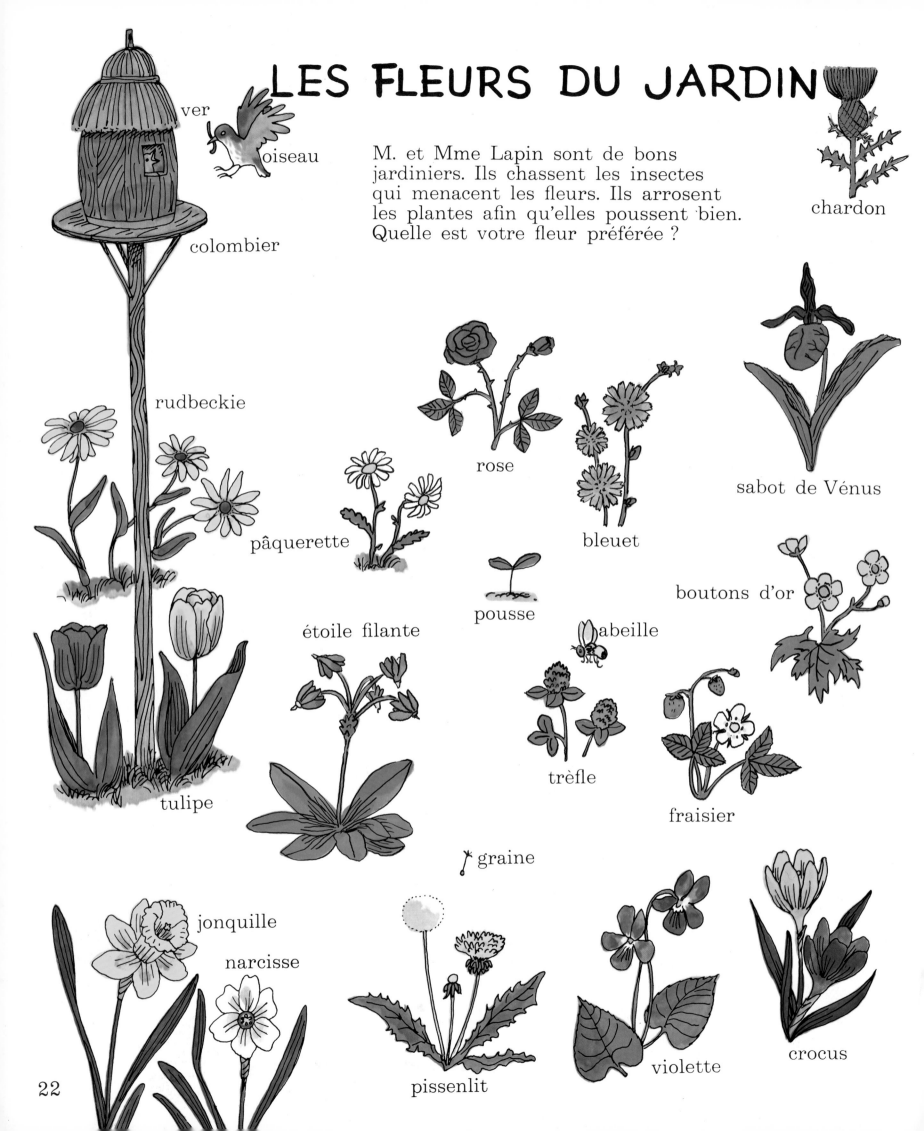

ver

oiseau

colombier

chardon

M. et Mme Lapin sont de bons jardiniers. Ils chassent les insectes qui menacent les fleurs. Ils arrosent les plantes afin qu'elles poussent bien. Quelle est votre fleur préférée ?

rudbeckie

rose

sabot de Vénus

pâquerette

bleuet

pousse

boutons d'or

étoile filante

abeille

tulipe

trèfle

fraisier

graine

jonquille

narcisse

pissenlit

violette

crocus

22

volubilis

rose trémière

zinnia

tournesol → sunflower

digitale

myosotis → forget me not

œillet

lis tigré

aster

insecticide

campanule

jacinthe des prés

œillet de poète

pensée

pétunia

insecte

pavot

arrosoir

déplantoir

paniers à fleurs

graines

muguet

pots de fleurs

binette

râteau

sachet de graines

23

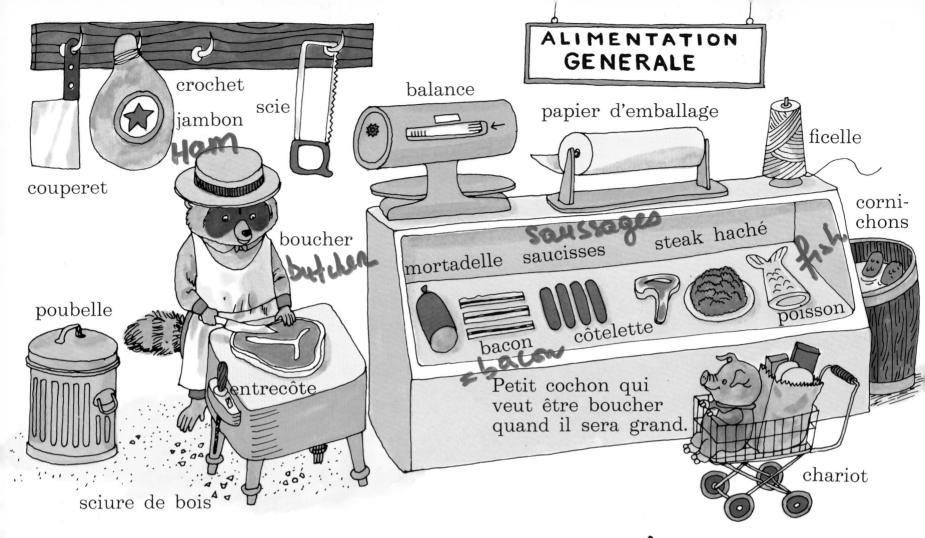

couperet

crochet

jambon *Ham*

scie

balance

papier d'emballage

ficelle

boucher *butcher*

cornichons

saussages

mortadelle   saucisses   steak haché   *fish*

poubelle

bacon *= bacon*   côtelette   poisson

entrecôte

Petit cochon qui
veut être boucher
quand il sera grand.

sciure de bois

chariot

UN SUPERMARCHÉ

Mme Truie achète son épicerie.
Et vous ? Qu'achèterez-vous
quand vous irez au marché ?
Un cornichon ?

livres

LIVRES D'OR

une cliente

jus d'orange

raisins secs

monnaie

porte-
monnaie

caissier

œufs

lait

beurre *butter*

glace à la fraise

caisse
enregistreuse

24

*strawberry
ice. cream*

FRUITS

pineapple
ananas

bananes
banana

grapefruit

balance

épicier

pommes
apple

oranges
= orange

poires
pear

pample
mousses

melons
= melon

raisin
grape

citrons
lemon

cerises
cherry

prunes
plum

fraises
strawberry

framboises
rasberry

myrtilles
blueberry

LEGUMES

maïs
sweet corn

french bean

haricots
verts

tomates
tomate

pêches
peach

laitue
lettuce

petits
pois

pommes
de
terre

pastèque

potiron

asperges
asparagus

épinards
spinach

water
melon

noix de coco
coconut

chou

céleri
celery

betterave
beet

oignons
onion

courgettes

carottes
carrot

concombres
cucumber

chou-fleur

navet

balai

flocons d'avoine

spaghetti

olives

biscuits

sucre en
poudre

conserves

cheese

aliments pour bébés

fromage

sel
salt

abricots secs

pain

confiture
jam

A TABLE

M. et Mme Cochon
sont très gourmands.
Leur fils Pierre
disparaît derrière
tous ces plats.
Cherchez-le.

couteau et fourchette à découper

rôti

plat

cuiller à soupe

pilules vitaminées

cafetière

théière

sel

poivre

fourchette

assiette plate

verre

pot de crème

couteau

cuiller

tasse

soucoupe

sucrier

napperon

dinde rôtie

cake
gâteau

milk
lait

gratin

pommes au four

haricots verts

flan à la fraise

flan au caramel

betteraves
beef

oignons

purée de pommes de terre
mash potatoes

glace

petits pois
green peas

beurre

entrecôte

potage

tourte aux fruits
fruit pie

salade

pain de mie

pain de seigle

petits pains

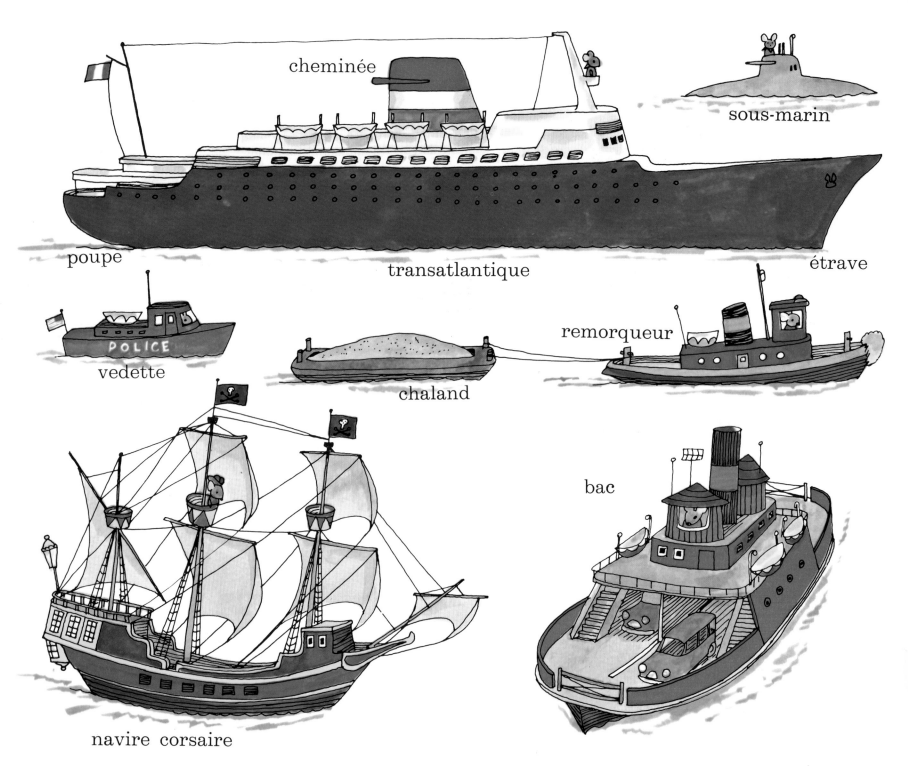

cheminée

sous-marin

poupe

transatlantique

étrave

vedette

POLICE

chaland

remorqueur

bac

navire corsaire

EN MER

Je flotte, mais je ne suis pas un bateau.
J'aide les marins à se diriger.
Trouvez-moi.

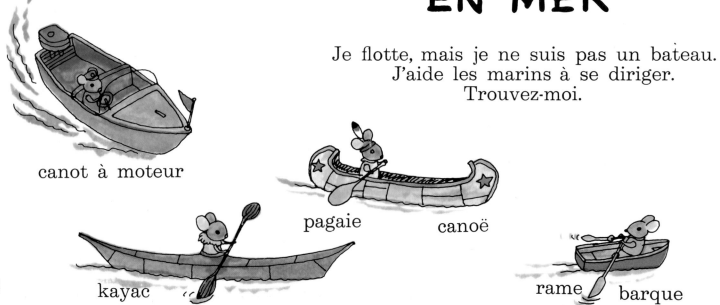

canot à moteur

pagaie

canoë

kayac

rame

barque

cargo

bateau-phare

garde-côte

pétrolier

bateau-pompe

filets de
pêche

chalutier

yacht de pêche

hydroglisseur

bateau-maison

radeau

voilier

balise

VOTRE SANTÉ

Votre médecin, votre dentiste, sont deux
de vos meilleurs amis. Ils sont là pour
vous rendre heureux, forts et bien portants.
Remerciez-les donc d'un grand sourire.
(Mais ne vous décrochez pas la mâchoire !)

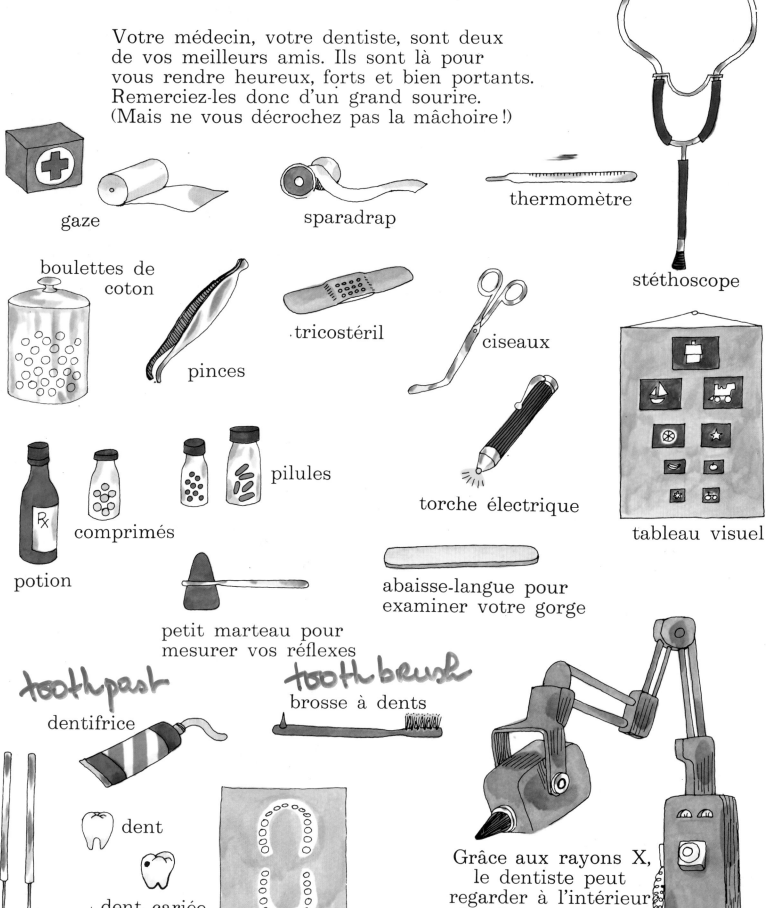

gaze

sparadrap

thermomètre

stéthoscope

boulettes de
coton

pinces

tricostéril

ciseaux

torche électrique

tableau visuel

comprimés

pilules

potion

abaisse-langue pour
examiner votre gorge

petit marteau pour
mesurer vos réflexes

toothpast

dentifrice

toothbrush

brosse à dents

dent

dent cariée

instruments dentaires

Sur ce schéma, le dentiste
marque l'emplacement
des dents malades.

Grâce aux rayons X,
le dentiste peut
regarder à l'intérieur
des dents pour voir
ce qui s'y passe.

Chez le médecin

infirmière

tube à essai

un malade

médecin

balance

une blessure

tour

Dans le cabinet du dentiste

dentiste

crachoir

tablette

verre

bloc dentaire

fauteuil dentaire

l'assistante du dentiste

L'assistante du dentiste n'a jamais mal aux dents.
Faites comme elle, brossez les vôtres soigneusement.

31

OURSON ET OURSONNE S'HABILLENT

Ourson s'éveille par un matin froid, très froid.
Avant de sortir, il doit s'habiller chaudement.
= wear

Il bâille et saute du lit.

Il ôte son pyjama et
le laisse traîner par terre.
Le vilain !

veste de
pyjama

culotte
de pyjama

 pantoufles
sleepers

Il met   des sous-vêtements
underwear

une casquette

une chemise

une culotte

une salopette

une cravate

un chandail

des chaussettes
socks

un bonnet

une
écharpe
scarg

des sandales
de tennis
tennis shoes

des gants
gloves

un blouson

un manteau

un ciré

et un suroît
par-dessus.

Mais, quand il se croit fin prêt,
sa maman lui demande :
"Et tes bottes ?"

bottes

32

Sa sœur, Oursonne, se lève aussi.
Elle enlève sa chemise de nuit
et la plie soigneusement.
C'est une oursonne très ordonnée.

chemise de nuit

Elle met

sa culotte

sa combinaison

un ruban dans ses cheveux

un chemisier une jupe un tablier des chaussettes des souliers

 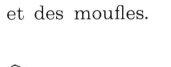

un esquimau et des moufles.

Elle prend son mouchoir,

son porte-monnaie

et les met dans son sac.

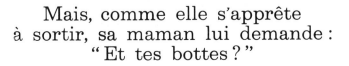

Mais, comme elle s'apprête
à sortir, sa maman lui demande :
"Et tes bottes ?"

N'oubliez-vous jamais
d'enfiler vos bottes ?

33

cerf

lion

éléphant

tigre

panda

singes

ours brun

gorille

ours polaire

34

bison

chameau

zèbre

zebre

gardien

otarie

girafe

léopard

petit train

AU ZOO

M. et Mme Souris ont
emmené leurs enfants au zoo.
Ils ont acheté
tant de ballons
qu'ils ne pourront jamais
les faire entrer
dans leur maison.
Quel est votre animal préféré ?

rhinocéros

hippopotame

POUR PEINDRE
ET DESSINER

Tous les enfants aiment
peindre et dessiner.
Dessinons la grand-roue
de la foire. Nous nous
amuserons comme si nous y étions.

rouge

violet

orange

bleu

jaune

vert

grand-roue

orange

vert

gris

rouge jaune bleu noir

violet

rose

godet

brun

pinceaux

pots de peinture

gomme

boîte de peinture

porte-plume

stylo

encre

crayons feutre

crayons pastel

36

crayon

fresque

peintre

dinosaure

échafaudage

LA SEMAINE DU LIVRE

esquisse au pastel

toile

sujet

peinture à l'huile

bloc de papier

modèle

palette

blouse

papier

peinture à la main

aquarelle

dessin

LES NOMBRES

Savez-vous compter ?
Pourriez-vous compter
vingt coccinelles ?
Bien sûr !

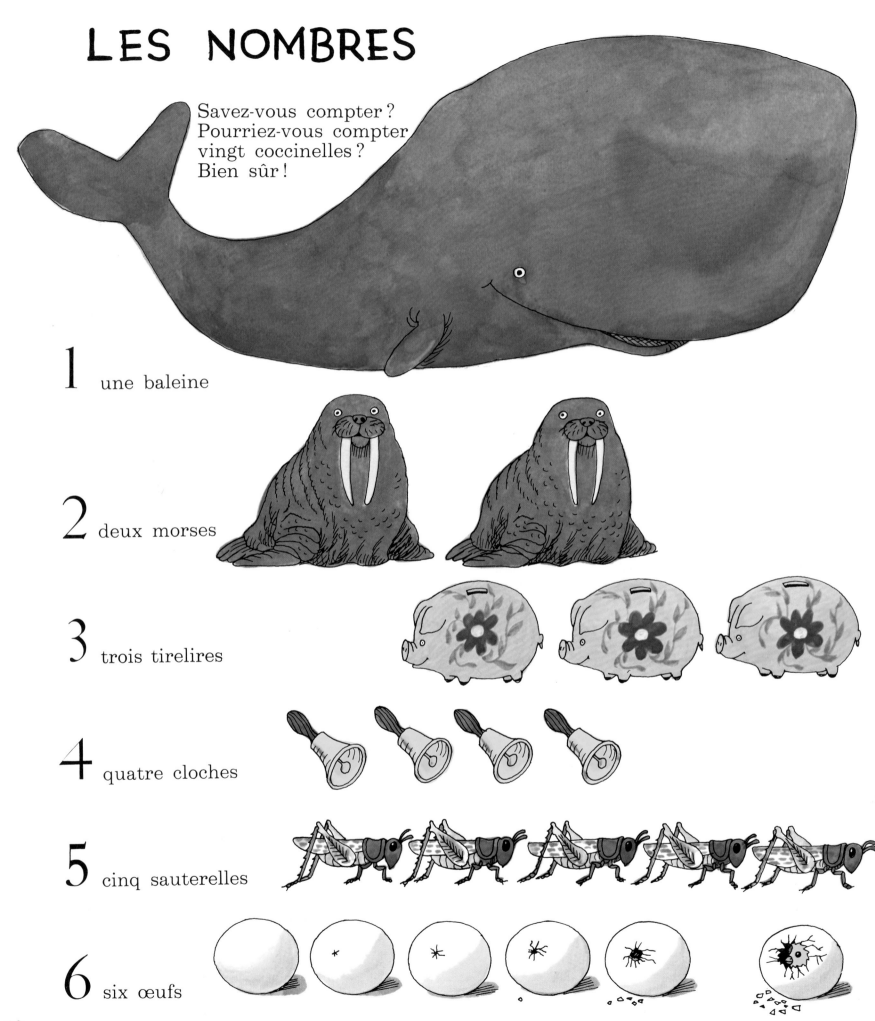

1 une baleine

2 deux morses

3 trois tirelires

4 quatre cloches

5 cinq sauterelles

6 six œufs

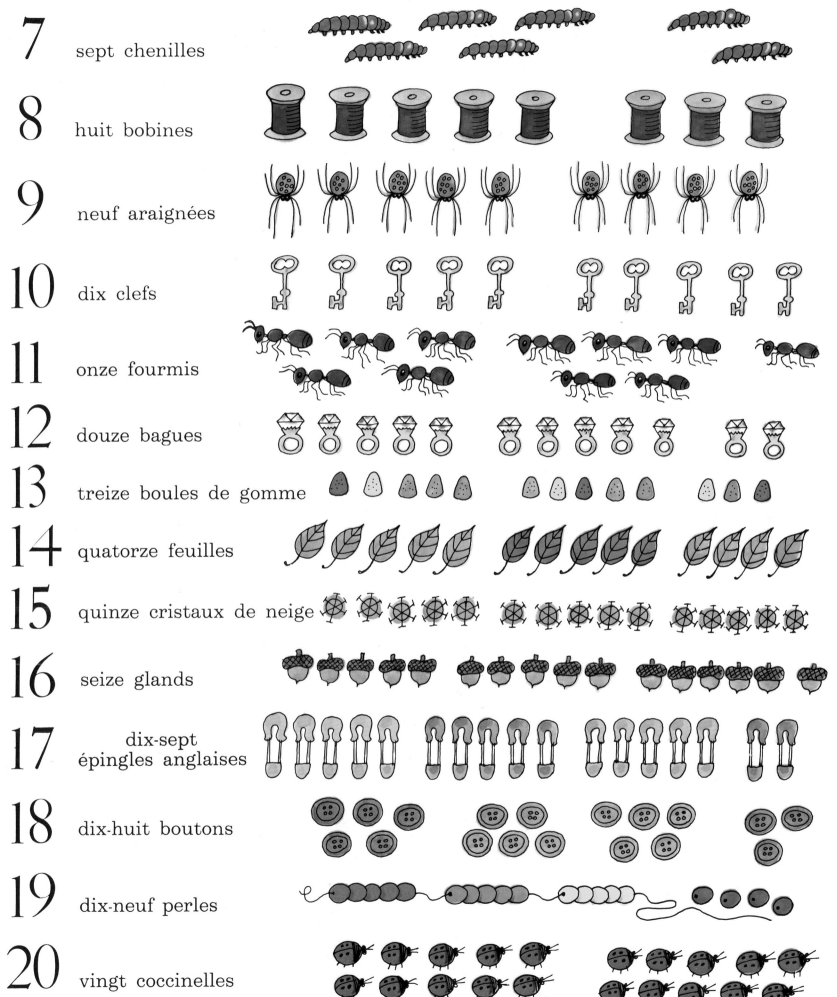

7	sept chenilles
8	huit bobines
9	neuf araignées
10	dix clefs
11	onze fourmis
12	douze bagues
13	treize boules de gomme
14	quatorze feuilles
15	quinze cristaux de neige
16	seize glands
17	dix-sept épingles anglaises
18	dix-huit boutons
19	dix-neuf perles
20	vingt coccinelles

VIVE LA MUSIQUE!

Le chef dirige son orchestre avec une baguette. Les musiciens jouent un air entraînant, Choisissez, parmi ces instruments, celui dont vous aimeriez jouer.

contrebasse

basson

violoncelle

hautbois

clarinette

flûte

piano

violon

piccolo

baguette

chef d'orchestre

alto

estrade

notes

timbales

caisse claire

grosse caisse

cymbales

triangle

saxophone

cor d'harmonie

trompette

tuba

tambourin

cornet à piston

trombone

banjo

guitare

harpe

accordéon

harmonica

peigne et papier de soie

41

maison D'EDITION

éditeur

COSTUMES

gratte-ciel

antenne

château d'eau

"LE JOURNAL" RÉDACTION

église

Ecole de Danse

LIBRAIRIE

PHARMACIE

feux

immeuble d'habitation

cabine téléphonique

boîte aux lettres

un amateur de livres

voiture postale

chaussée

facteur

EN VILLE

M. Souris vient d'acheter un livre.
Maintenant, il va prendre le journal.
Ensuite, il rejoindra ses amis qui l'attendent
à la terrasse du café. Tous ensemble,
ils boiront une bonne limonade. Suivez son itinéraire
avec le doigt. Attention aux carrefours !

42

hôtel

panneau indicateur

square

banc

statue

taxi

RESTAURANT

bouche d'égoût

terrasse du café

DANGER

coiffeur

triporteur

voiture de police

THEATRE

CETTE SEMAINE

autobus

trottoir

bouche de métro

journaux

kiosque à journaux

station de métro

43

UNE PROMENADE A LA CAMPAGNE

relais de radiodiffusion

océan

île

A la campagne, il y a mille choses intéressantes à voir. Regardez donc l'alpiniste. Qu'a-t-il laissé tomber de son havresac ?

usine

station-service

lac

tunnel

pompes à essence

voie d'accès à l'autoroute

poste de péage

pont

ferme

ruisseau

moulin

courant

chute d'eau

terrain de camping

campeurs

44

phare

plage

mirador

baie

grue

bois

pont-levis

port

colline

remorqueur

montagne

village

éolienne

fleuve

bassin

refuge

route

alpiniste

forêt

havresac

paroi

pomme

45

JOURS DE FÊTE

Quelle est votre fête préférée?
C'est bien difficile à dire.
Et les vacances, donc! Quoi de plus gai.
Avez-vous pensé à ce que vous demanderez
au Père Noël, cette année?

trompette

Nouvel An

Pâques

ballons

crécelle

œuf de
Pâques

gâteau

glace
à la fraise

Anniversaire

poussin

grosse caisse

Fête Nationale

clairon

feu d'artifice

fifre

tambour

fantôme

Carnaval

masque

déguisement

sorcière

chat noir

le balai de la sorcière

potiron

confetti

ange

bougie

couronne

Noël

Arbre de Noël

houx

ornements

lam-pions

chaussettes

barbe

cheminée

sac

Le Père Noël

cadeau

47

A L'ÉCOLE

A l'école, on ne s'ennuie pas.
On y apprend de très belles
choses. Et le petit ours,
qu'a-t-il appris aujourd'hui ?
À retrouver la moufle
qu'il avait perdue.

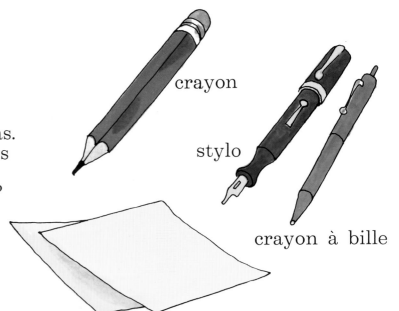
crayon

stylo

crayon à bille

taille-crayons

bâtons de craie

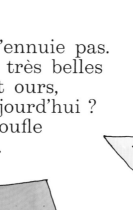
cahier

feuilles de papier

paille

encre

éponge

gomme

lait

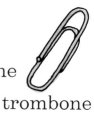
biscuits

ciseaux

ficelle

pelote de laine

trombone

colle de bureau

livre de classe

livre de contes

punaises

pâte à modeler

le tiroir aux objets perdus

48

pendule

sonnette

tableau noir

calendrier

Janvier

		1	2	3	4
5	6	7	8	9	10	11
12	13	14	15	16	17	18
19	20	21	22	23	24	25
26	27	28	29	30	31

institutrice

a b c

igloo

encrier

carte

support

corbeille à papier

artiste

élève

table

salle de classe

poupées de papier

directeur

réfrigérateur

placard

bouton de porte

ouvre-boîte

savon

théière

prises
de courant

plan de travail

freezer

machine
à laver
la vaisselle

poubelle

machine à laver

batteur

panier de linge

coquille d'œuf

tabouret

bol

cuiller à
pâtisserie

récipient
gradué

rouleau à pâtisserie

moule à biscuits

pâte

passoire

moule à gâteau

entonnoir

ketchup

plaque de four

spatule

machine à hacher

farine

sucrier

pot à moutarde

50

débarras

plumeau

balai

pelle
à
poussière

balai
à franges

aspirateur

sablier

étagère

tue-mouches

hotte

cafetière

bouilloire

brûleur

four

cuisinière

fer à repasser

planche à repasser

LA CUISINE

Les petits cochons aiment beaucoup
faire la cuisine. Regardez les beaux gâteaux
qu'ils préparent. Leur maman met un plat
au four. Devinez ce que c'est.

cuiller à café

cuiller à soupe

cuiller à bouillie

tire-bouchon

casserole

casseroles

louche

moulin à café

pilon

grille-pain

mortier

passoire

mesures

allumettes

planche
à découper

salière

moulin à poivre

batteur électrique

livre de cuisine

fourchette et
couteau à découper

LES BÂTIMENTS

Tous les bâtiments n'ont pas
le même usage : on ne joue pas au ballon
dans un musée, ni dans une cathédrale.
Où doit-on jouer au ballon ?
Que fait-on dans chacun
de ces bâtiments ?

gratte-ciel

forteresse

tour

musée

arc de triomphe

école

pyramide

match de football

stade

moulin à vent

panthéon

cathédrale

église

bâtiment administratif

usine

53

LES MÉTIERS

Que ferez-vous quand vous serez grand ? Serez-vous cuisinier, serez-vous médecin ou musicien ? Ferez-vous comme votre papa ? Vous avez le choix !

peintre en bâtiment

souffleur de verre

marin

infirmière

laitier

fermier

cow-boy

médecin

menuisier

musicien

boucher

dentiste

secrétaire

cuisinier

hanteur

artiste peintre

pilote

pêcheur

camionneur

institutrice

garagiste

potier

commerçant

boulanger

libraire

danseuse

père de famille

mère de famille

55

L'ALPHABET

L'alligator croque une pomme.
Le kangourou bondit en avant.
Et l'espadon, que fait-il donc ?

A alligator

B ballon

C clown

D domino

E écureuil

F fakir

G géranium

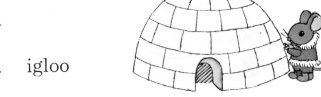

H hyène

I igloo

J jaguar

K kangourou

L locomotive

M moulin

N nid

O orgue

P pingouin

Q quadrille

R rocher

S soulier

T tigre

U urne

V violon

W wapiti

X xylophone

Y yaourt

Z zèbre

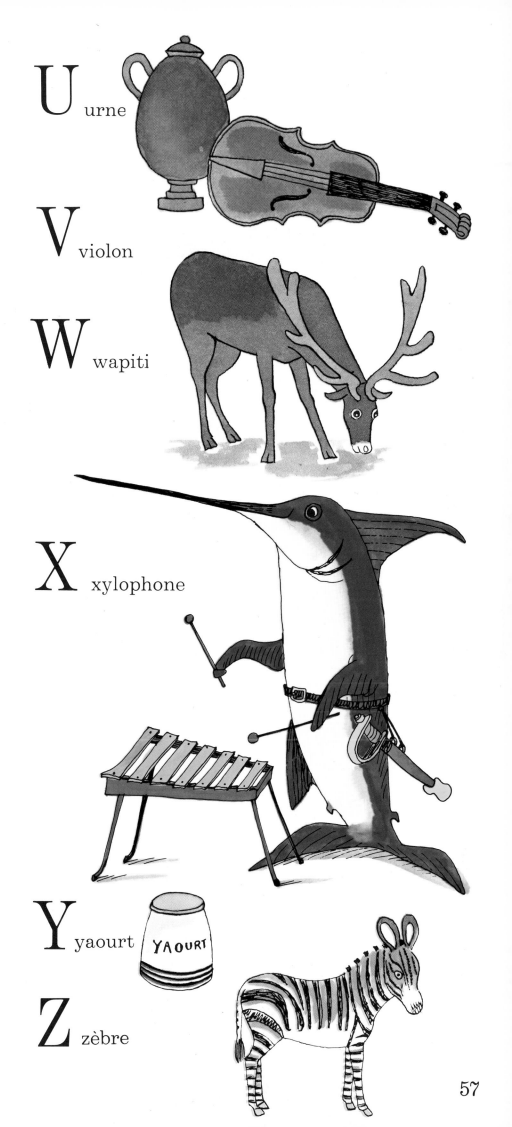

QUE SAVEZ-VOUS FAIRE ?

Vous savez faire des quantités de choses, mais d'autres sont beaucoup trop difficiles. Il y a une chose que personne d'entre nous ne peut faire. Cherchez-la.

creuser

souffler

construire

casser

dormir

s'éveiller

marcher

courir

se tenir debout

rester assis

lire

regarder

écrire et dessiner

58

tirer

pousser

donner un coup de pied

parler   écouter   crier   chuchoter   manger

rire   sourire   pleurer   boire

sauter   ramper   tomber

personne ne sait voler

épier

enlever son chapeau

monter   descendre   entrer   sortir

SUR LE CHANTIER

Quel travail ! Que de terre
à déblayer ! Heureusement,
les ours ont de bonnes machines.
Quelle est celle que
vous aimeriez conduire ?

terre

bulldozer

pelle mécanique

benne

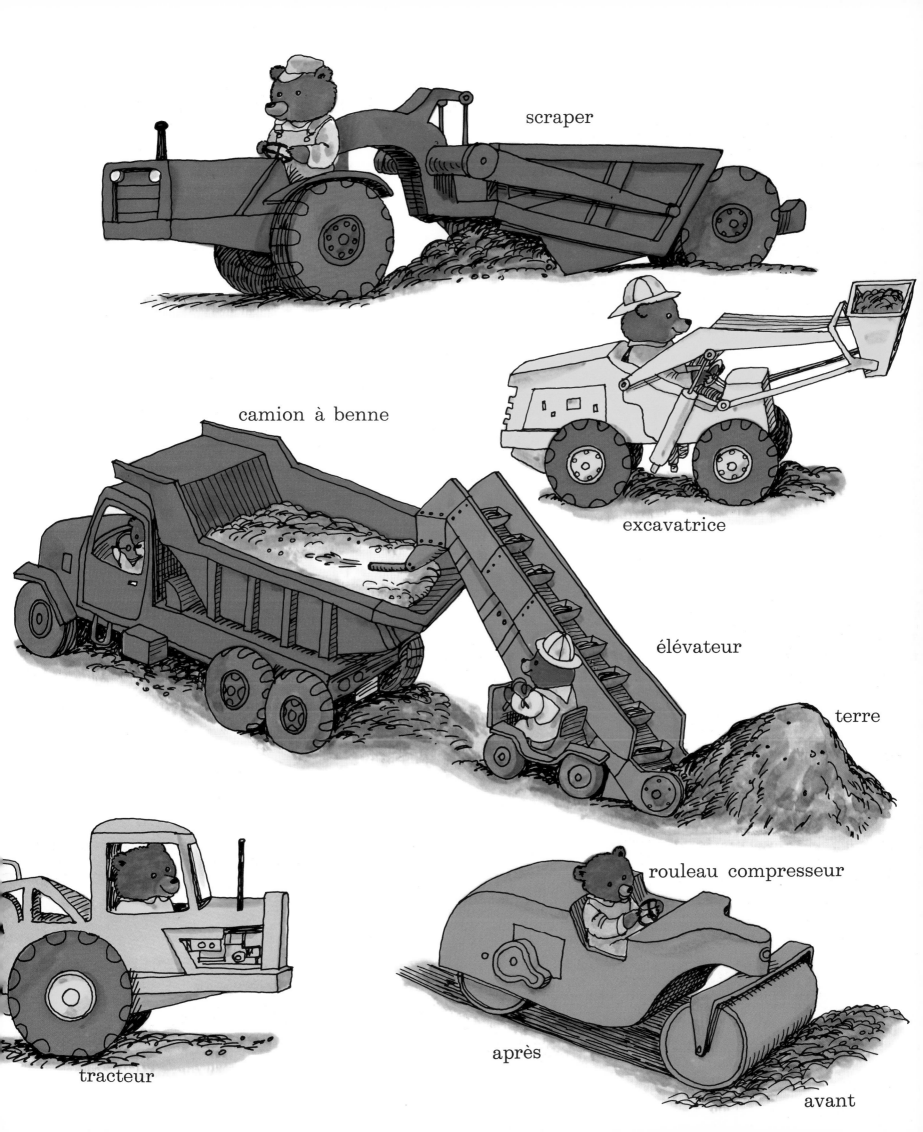

scraper

camion à benne

excavatrice

élévateur

terre

rouleau compresseur

tracteur

après

avant

remorque à voitures

CARBURANT

camion-citerne

camion laitier

conduite intérieure

dépanneuse

motocyclette

voiture de sport

taxi

TAXI

L'Aile d'Or Transports

semi-remorque

LES TRANSPORTS

camion de voirie

Camions et voitures
défilent dans les rues.
Avez-vous vu les autos
sans conducteurs ?
Où vont-elles ?

remorque à bateau

canadienne

scooter

voiture ancienne

transport d'écoliers

63

HOTEL

•BAZAR
VETEMENTS
DE COWBOY

BANQUE

HOTEL DE VILLE

BOTTES

bec
de gaz

rail d'attache

chercheur d'or

bourricot

cow-boy

shérif

coffre-fort

locomotive

fanal

diligence   roue

BUFFALO BILL

chasse-bestiaux

AU FAR-WEST

L'Indien se rend à la ville.
Il veut acheter un
cheval pour sa squáw.
Sera-t-elle heureuse
de ne plus aller à pied?

fourgon bâché

poussière

MARÉCHAL-FERRANT

selle

bœufs

bébé

fer à cheval

Indien

squaw

FOUR-RAGE

barrique

lasso

wagon à bestiaux

tender

monture

bétail

corral

65

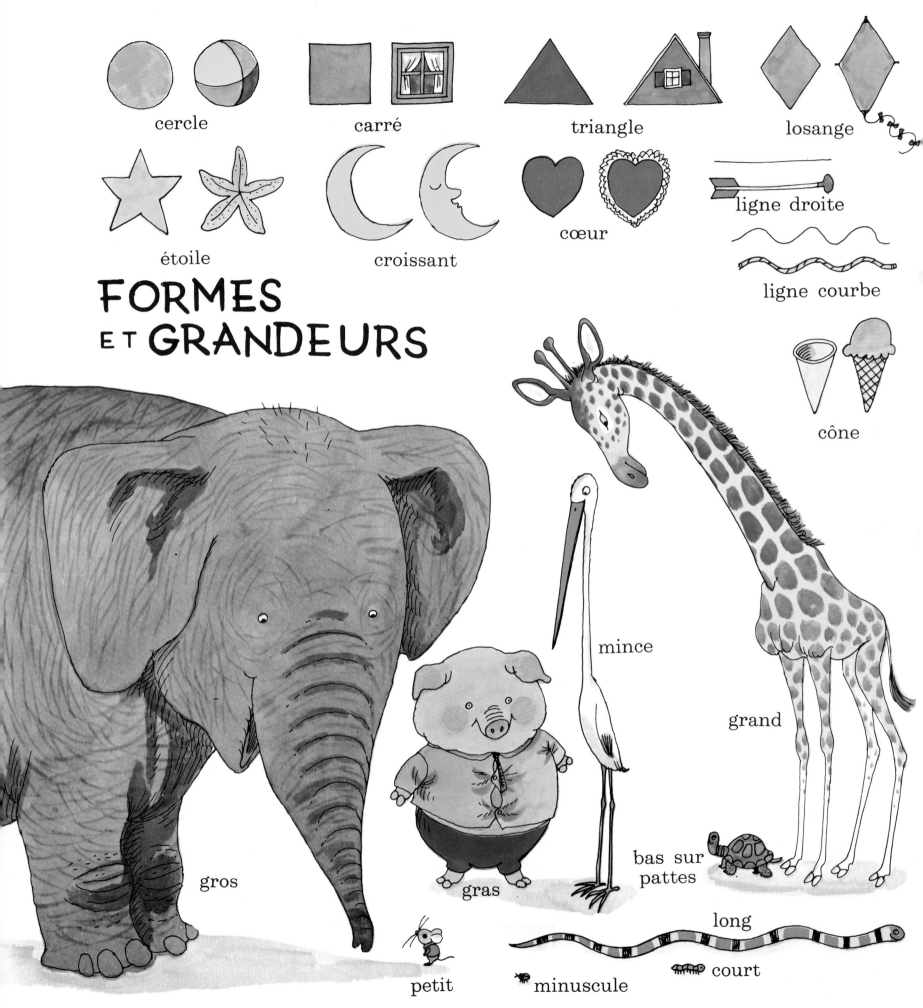

cercle

carré

triangle

losange

étoile

croissant

cœur

ligne droite

ligne courbe

FORMES
ET GRANDEURS

cône

mince

grand

gros

gras

bas sur pattes

long

petit

minuscule

court

UN BÉBÉ

le père

la mère

M. et Mme Chat n'ont pas trouvé de nom pour leur dernier bébé. Voulez-vous les aider ? Inscrivez ici le nom que vous avez choisi.

l'oncle

la grand-mère

le bébé

biberon

hochet

le frère

la tante

la sœur

le grand-père

lange

parc

le cousin

poussette

chaise haute

lit

berceau

siège roulant

trotteur

landau

67

AU CIRQUE

Au son de la fanfare, les animaux exécutent leurs plus beaux tours. Clowns, dompteur, singe savant, que préférez-vous ?

mât

balancier

funambule

corde

fanfare

écuyère

échelle de corde

estrade

cheval de cirque

éléphant savant

sciure de bois

piste

directeur de piste

chien savant

clown

fanion

chapiteau

trapèze

trapéziste

filet

acrobate

caissier

cerceau

lion

fouet

cage

dompteur

jongleur

otarie savante

marchand de ballons

marchand de bonbons

69

AU FEU LES POMPIERS

Le brave héros
sauvera-t-il
la belle dame ?
Oui, ne craignez rien,
il la sauvera.

voiture de secours

voiture de police

lance

pompe à incendie

conducteur
arrière

tuyau

grande échelle

échelle

conducteur
avant

bottes

casque

trousse
de secours

crochet

sirène

avertisseur
d'incendie

ambulance

eau

flammes

fumée

capitaine
des pompiers

porte-voix

belle dame
en détresse

brave héros

voiture du capitaine

pompe

bouche d'incendie

échelle

un monsieur
qui saute

pompiers

filet

pompier

extincteur

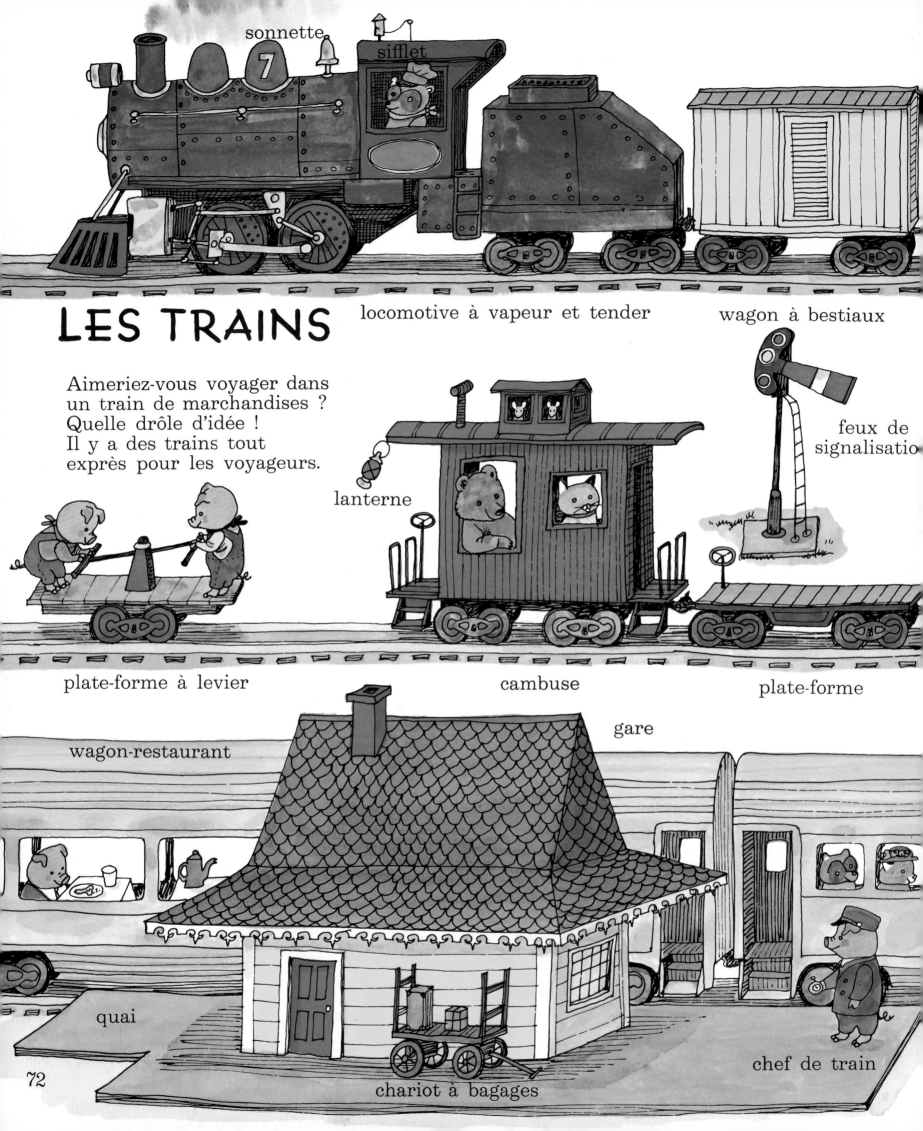

sonnette

sifflet

7

LES TRAINS

locomotive à vapeur et tender

wagon à bestiaux

Aimeriez-vous voyager dans
un train de marchandises ?
Quelle drôle d'idée !
Il y a des trains tout
exprès pour les voyageurs.

feux de
signalisatio

lanterne

plate-forme à levier

cambuse

plate-forme

gare

wagon-restaurant

quai

chariot à bagages

chef de train

72

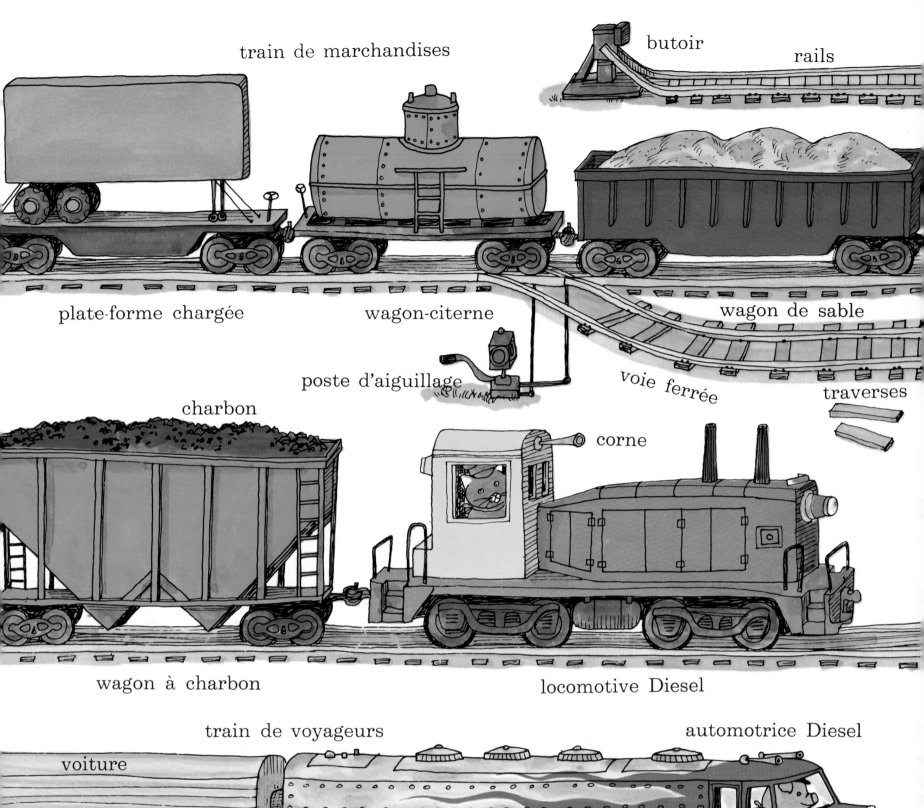

train de marchandises

butoir

rails

plate-forme chargée

wagon-citerne

wagon de sable

poste d'aiguillage

voie ferrée

traverses

charbon

corne

wagon à charbon

locomotive Diesel

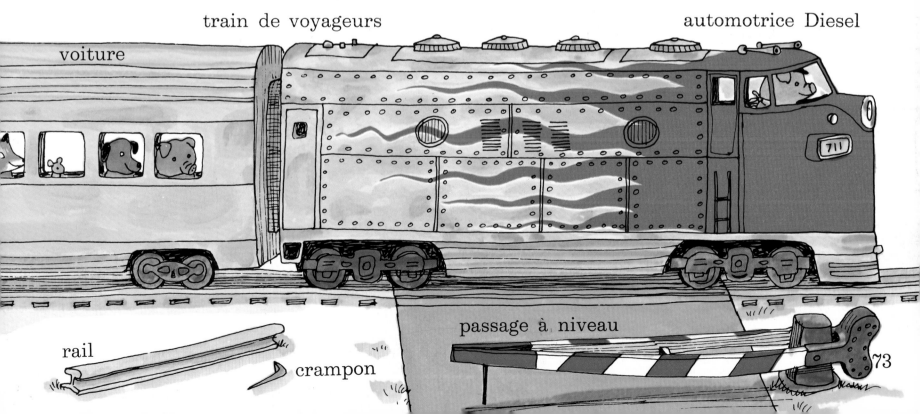

train de voyageurs

automotrice Diesel

voiture

711

rail

crampon

passage à niveau

73

LES OISEAUX

La plupart des oiseaux volent ;
quelques-uns ne volent pas.
Il est un oiseau qui ne peut pas voler,
mais il glisse très bien sur les glaces
du Pôle Sud. Où est-il ?

aigle

faucon

oiseau-mouche

hirondelle

héron

coq

pic bleu

poule

poussin

oie

pigeon

cane

piverts

spatule

cygne

caneton

flamant

butor

pingouin

pélican

74

vautour

perroquet

corbeau

hibou

toucan

colombe

macareux

cardinal

geai bleu

rouge-gorge

bouvreuil

moineau

roitelet

mouette

bécasseau

sterne

canari

colombier

cage

nid

oisillons

autruche

caille

faisan

aigrette

cigogne

bécasse

œuf d'autruche

étourneau

75

SUR LA PLAGE

Rien de plus amusant
qu'une plage en été.
Le lapin a trouvé
un beau coquillage.
Qu'écoute-t-il ?
Le bruit de la mer ?

longue-vue

phare

maisonnette

rame

ancre

bouée

pelle

barque

bécasseau

château de sable

vagues

raie

thon

huître

homard

oreiller de mer

coquille St-Jacques

bernard-l'hermite

palourde

parasol

mouette

maître-nageur

soleil

sémaphore

cabane

dune

chemin de planches

ajoncs

escalier

cabines de bain

siège pliant

conque marine

étoile de mer

château fort au début des travaux

vagues

crevette

vairon

limule

crabe

carrelet

algues

moule

77

igloo

LES MAISONS

Chaque pays a sa maison.
Comme elles sont variées et curieuses !
Si l'on vous en offrait une,
laquelle aimeriez-vous habiter ?

hutte sur pilotis

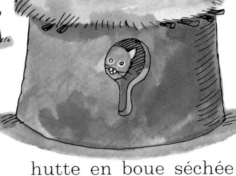
maison de pierre

cabane indienne

hutte en boue séchée

tente saharienne

paillotte

hôtel particulier

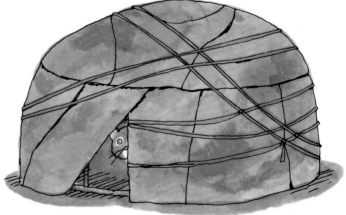
yourte mongole

château fort

maison à colombages

chaumière

maison de torchis à toit de tuile

châlet

maison de brique

immeuble moderne

sampan chinois

villa moderne

79

LE JARDINAGE

Les animaux travaillent au jardin.
M. Corbeau hésite. Plantera-t-il
la graine qu'il a dans le bec ?
Il meurt d'envie de l'avaler.

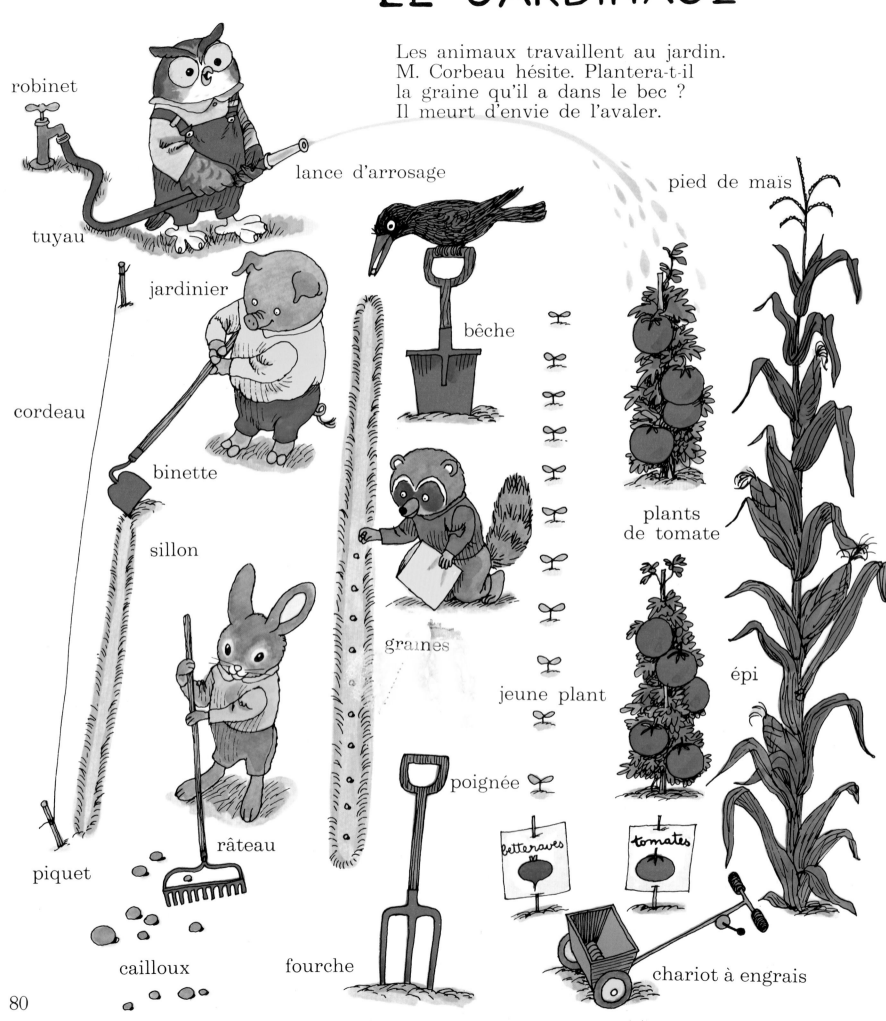

robinet

tuyau

lance d'arrosage

pied de maïs

jardinier

cordeau

binette

sillon

bêche

plants
de tomate

piquet

râteau

graines

jeune plant

épi

poignée

betteraves

tomates

cailloux

fourche

chariot à engrais

80

LE TEMPS

Le temps change d'un jour à l'autre.
Le soleil brille ou se cache.
Il y a des jours de vent, des jours
de froid, des jours torrides.
Il y a des jours de neige ou de pluie.
Quel temps fait-il aujourd'hui ?

soleil

nuage

éclair

pluie

grêlons

cristaux de neige

thermomètre

arc-en-ciel

éolienne

vent

chapeau

queues-de-renard

gouttes de pluie

crapaud

champignon

coccinelle

chat courant après
son chapeau

flaque

boue

81

L'HEURE DU MÉNAGE

Il est temps de mettre un peu d'ordre dans la maison.
Les animaux s'activent. Que vont-ils faire ?

balai à franges

poudre à récurer

colle

éponge

eau renversée

clef à molette

porte-manteau

vieux papiers

lunettes

sac de clous

pieuvre en train
de coudre

marteau

un drap déchiré

machine à coudre

le vase est ébréché

les bottes sont
pleines de boue

éclat
de
porcelaine

traces de pas

il y a des traces de pattes sur le mur

tringle

porte-manteau

La table a perdu
un pied

le robinet perd

brosse

pelle à
poussière

seau à ordures

tas de cendres

bibliothèque

livre

vieux journaux

vieilles revues

porte-manteaux

poubelle

N'en jetteriez-vous pas
un ou deux à la poubelle?

cerf-volant

averse

charrue

rouge-gorge

nid

bourgeons

LE PRINTEMPS

arbre

C'est le printemps.
Hop! L'agneau bondit de joie.
C'est le printemps.
M. Ours a quitté sa tanière
pour étrenner sa belle
tondeuse à gazon.

agneau

buisson fleuri

pont

ruisseau

tanière

fougères

racines

tortue

chatons de saule

rainette

jonquilles

tondeuse à gazon

crocus

violettes

84

vache

prairie

veau

champ de maïs

clôture

L'ÉTÉ

Voici l'été.
Venez, disent les fourmis,
venez déjeuner sur l'herbe,
nous n'avons plus rien à manger.

canadienne

tente

auvent

mouche

lit de camp

barbecue

charbon
de bois

panier

glacière
portative

sandwich

sac

ketchup

hot-dog

cornichon

moustique

canne à pêche

gobelet
en carton

moutarde

rocher

fourmis

flotteur

roseaux

grenouille

ponton

mare

nénuphar

libellule

gravier

pierres

85

soleil

canard

feuilles mortes

portillon

mur

meules

noix

potiron

baraque

L'AUTOMNE

Le vent fraîchit.
Les feuilles se teintent de
couleurs vives. Bientôt elles
tomberont en masse.
Aimez-vous cette
belle saison ?

maïs

cidre

confiture

coloquintes

fumée

flammes

panier de pommes

dindon

rateau

feu d'herbes

feuilles mortes

86

tempête de neige

L'HIVER

Luge et traîneau,
patins et skis.
Aurons-nous le temps de goûter
à tous les amusements de l'hiver ?

traîneau

cabane
de pêche

skis

luge

pêche sous la glace · · · neige

toboggan

piste de patinage

boule de neige   crosse de hockey

palet

patins à glace

écharpe

roue de
secours

pipe

jeep

un cochon tout emmitouflé

bonhomme
de neige

chasse-neige

TOUTES PETITES CHOSES

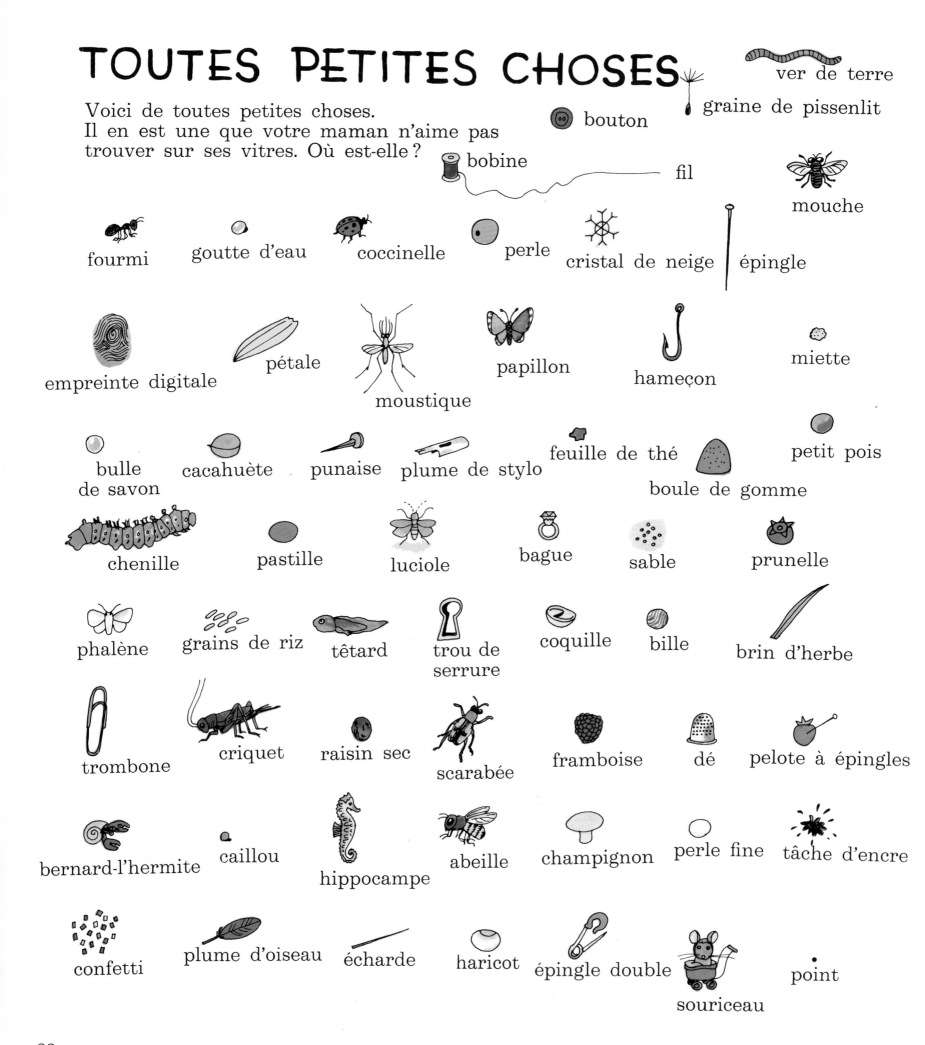

Voici de toutes petites choses.
Il en est une que votre maman n'aime pas
trouver sur ses vitres. Où est-elle ?

ver de terre

graine de pissenlit

bouton

bobine

fil

mouche

fourmi

goutte d'eau

coccinelle

perle

cristal de neige

épingle

empreinte digitale

pétale

moustique

papillon

hameçon

miette

bulle
de savon

cacahuète

punaise

plume de stylo

feuille de thé

petit pois

boule de gomme

chenille

pastille

luciole

bague

sable

prunelle

phalène

grains de riz

têtard

trou de
serrure

coquille

bille

brin d'herbe

trombone

criquet

raisin sec

scarabée

framboise

dé

pelote à épingles

bernard-l'hermite

caillou

hippocampe

abeille

champignon

perle fine

tâche d'encre

confetti

plume d'oiseau

écharde

haricot

épingle double

souriceau

point

LES PARTIES DU CORPS

L'ours saisit les objets avec sa patte.
Et vous, avez-vous des pattes au bout des bras ?

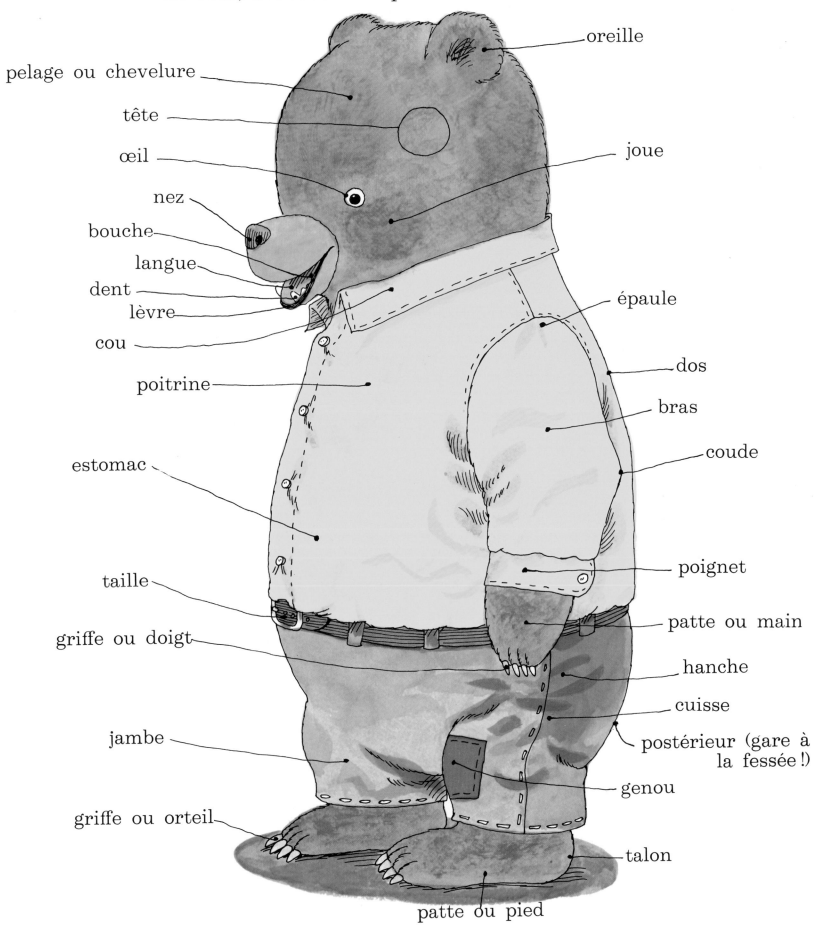

pelage ou chevelure

tête

œil

nez

bouche

langue

dent

lèvre

cou

poitrine

estomac

taille

griffe ou doigt

jambe

griffe ou orteil

oreille

joue

épaule

dos

bras

coude

poignet

patte ou main

hanche

cuisse

postérieur (gare à la fessée !)

genou

talon

patte ou pied

AU LIT!

Quelqu'un s'est caché sous le lit de l'éléphant. Dénichez-moi ce brigand. Qu'il se lave vite les dents, et au lit !

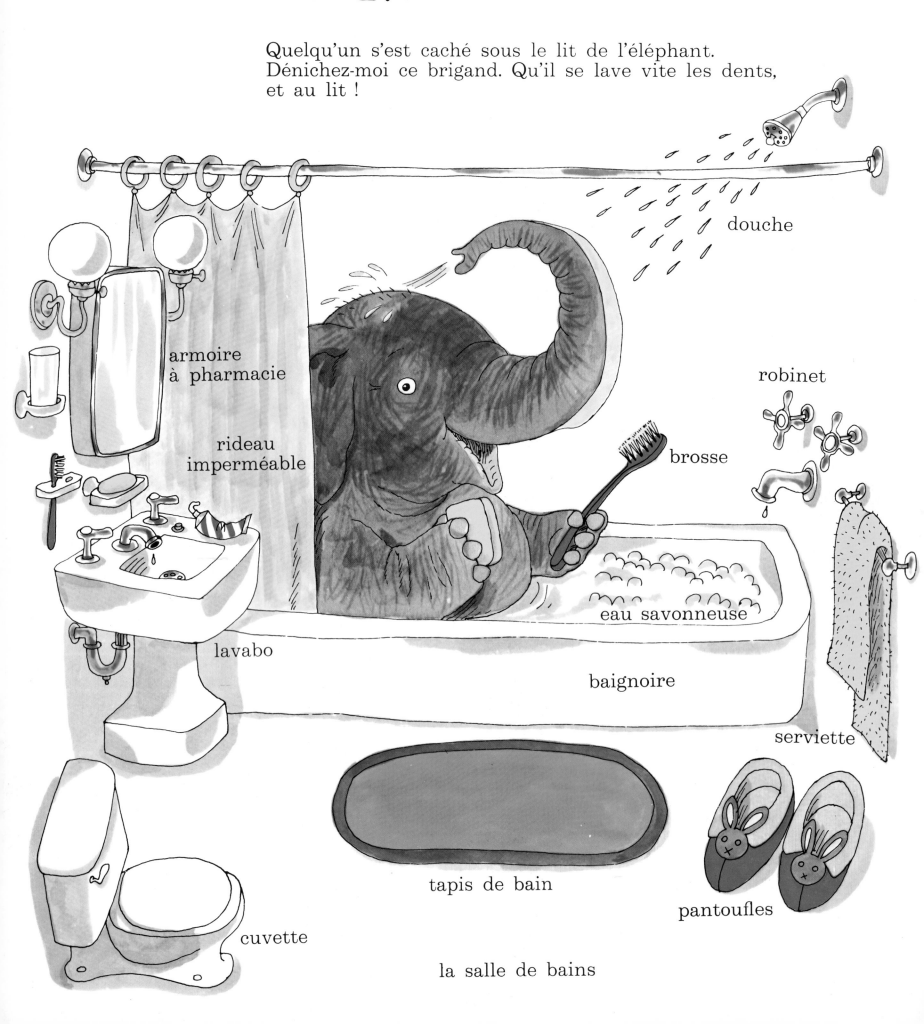

douche

armoire à pharmacie

rideau imperméable

robinet

brosse

eau savonneuse

lavabo

baignoire

serviette

tapis de bain

pantoufles

cuvette

la salle de bains

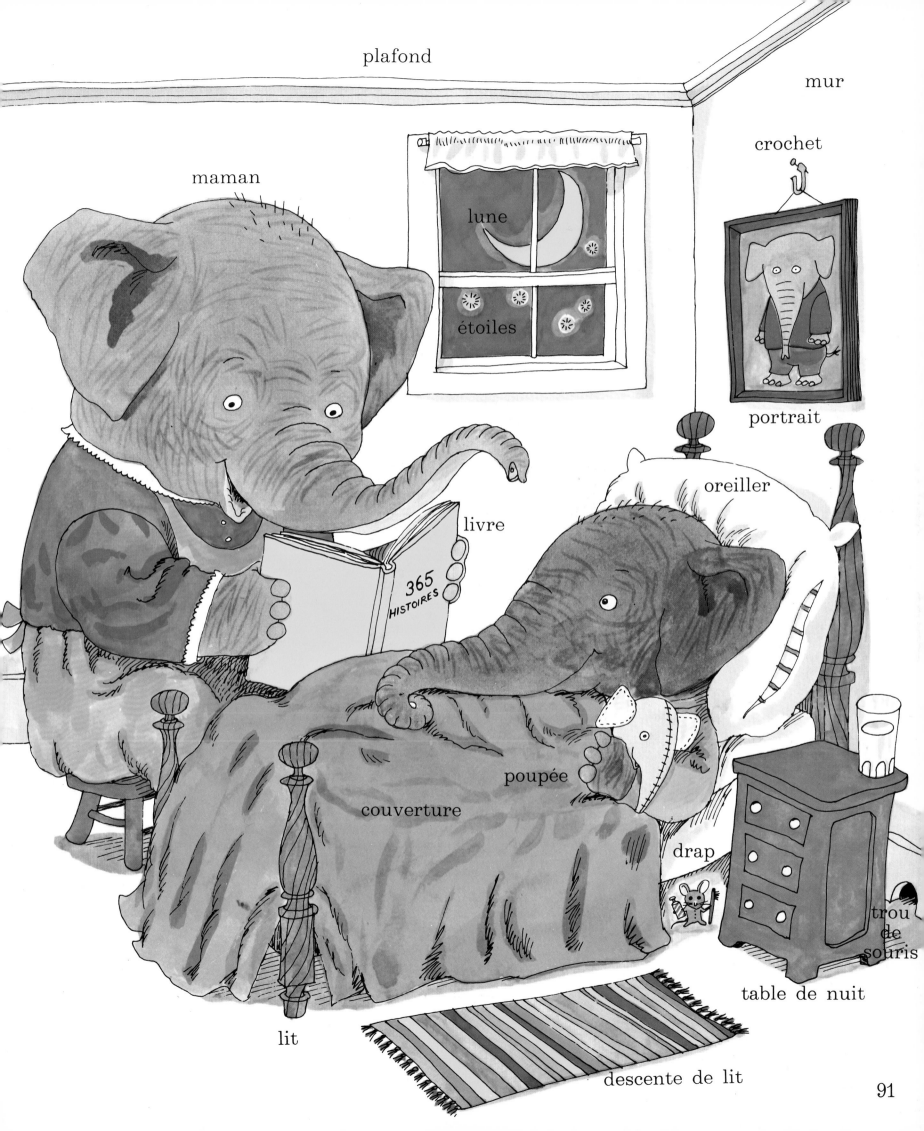

plafond

mur

crochet

maman

lune

étoiles

portrait

oreiller

livre

365 HISTOIRES

poupée

couverture

drap

trou de souris

table de nuit

lit

descente de lit

91

LE DERNIER MOT DE LA JOURNÉE

Les animaux ont encore un mot à vous dire
avant d'aller se coucher.

grouin grouin

ouah ouah

miaou

piou piou

cot cot

grouf

sniff sniff

yiou

coin coin

couii

bzzz

ouh

coa coa

Que disent-ils ? Ils vous disent :
"Bonsoir".

galumpf, galumpf, galumpf.

Le morse a quelque chose à ajouter.
Qu'est-ce que c'est ?

Loi n° 49-956 du 16 juillet 1949 sur les publications destinées à la jeunesse
Cet album a été achevé d'imprimer sur les presses
de l'imprimerie Rotolito, Italien

coq

poule

poussin

taupe

lettre

guitariste

corbeau

bêche

lapin

mouche

parapluie

vase

cochon

souris

morse

agneau